周易故事

世界永远在变
唯一不变的
就是变

易中天

易中天 著　胡永凯 绘

浙江文艺出版社
Zhejiang Literature & Art Publishing House

果麦文化 出品

只需要一个线团

地中海里有座岛，叫克里特（Crete）。

岛上有个王国，叫米诺斯（Minoans）。

王国最负盛名的文明成果是迷宫。

迷宫里面，据说住了个半人半牛的怪兽，是米诺斯王后与漂亮公牛的私生子。每年或每隔九年，战败的雅典都必须送来一船或七对少男少女，供那家伙消遣或者食用。这种残忍而悲惨的游戏持续了很久，直到寄养在外祖父家的雅典王子忒修斯（Theseus）横空出世。

忒修斯宣布，他愿意去做牺牲品。

幸运的是，这位少年英雄刚一出现在克里特岛众人面前，米诺斯公主就不可救药地爱上了他。公主给了他一个线团和一柄魔剑，忒修斯用这柄魔剑杀了怪兽，然后沿着拴在门口边走边放的线，按照公主从设计师那里获得的办法，成功地走出了迷宫。

显然，迷宫不是绝境，只要你有线团。

我们的《周易》也像一座迷宫，只不过那里面没有怪兽，反倒珍藏着中华民族的智慧。这是一些相当古老的智慧，神秘得就像达·芬奇密码，以至于许多仰慕已久又不明所以的人望而却步，敬而远之。

其实，解读《周易》并不是多么难的事，甚至简单到只需要一个线团，哪怕这线团并不来自公主，也没有魔剑。但，只要沿着边走边放的线一路前行，就会有许多惊喜，也会有许多收获，绝不会白走一趟的。

哈哈，周易周易，其实容易。

目录

书名的故事

世界永远在变，唯一不变的就是变

有的在变，

有的不变。

变的不变，

不变的变。

你也在变，

我也在变。

谁能不变？

那就是变。

什么是周

《周易》其实不是一本书，是两本。

一本叫《易经》。

一本叫《易传》。

传，不读传达的传，要读传记的传。

经和传合起来，就叫《周易》。

这就要弄清楚四个问题：

什么是周？

什么是易？

什么是经？

什么是传？

怎样弄清楚呢？

最简单的办法是看古文字。

好处是象形，一看就懂，还不说谎。

古文字主要有两种。

一种是刻在龟甲和兽骨上的，产生于商代，是现代汉字的直系祖先，目前没有发现比它更早的，叫：

甲骨文。

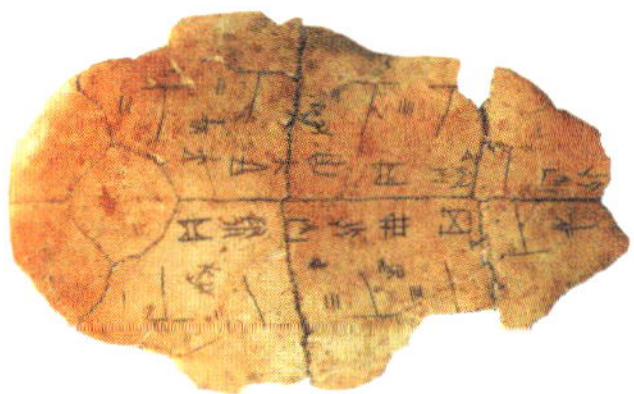

另一种是铸刻在青铜器上的，叫：

金文或钟鼎文。

周的古文字，两种都有。

但金文周字，目前只发现周代的。

甲骨文的周，两种常见字形是这样的：

但是到金文的时代，就有了变化。

有的跟甲骨文字形差不多：

有的多了一个“口”字：

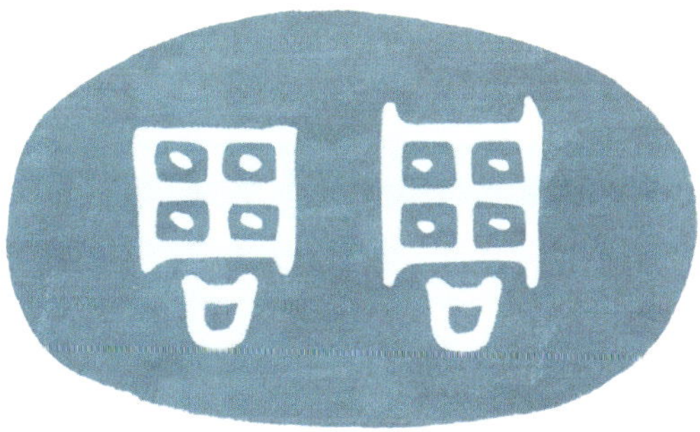

还有一种更好玩，是这样的：

看看像什么？

哈哈，这不就是“田”字吗？

正是。

甲骨文和金文的田，有不少就是这个样子。

当然也有别的形状，比如：

但是，方格子中带点的，一个也没有。

这说明什么呢？

周和田有关系，但不是同一个字。

什么关系呢？

田是庄稼地，周是庄稼人。

那么，这庄稼人是谁？

周人，或者周族。

这也就是《周易》之“周”的第一个意思：

夏商周的周。

夏商周，是我们民族文明史的三个历史阶段：

夏是部落国家。
商是部落国家联盟。
周是国家联盟。

因此，不是王朝（dynasty），是时代。
三个时代的主人是三个族群，也叫夏商周。
他们先后崛起，是由于掌握了先进的生产力。

夏：水利技术。
商：冶炼技术。
周：农业技术。

先进生产力代表着先进文化。于是，先后取得了文化主导权的夏商周，都要次第登台，担任华夏文明的标杆，给周边民族做榜样。

周
夏
商

很清楚，周人是农业民族。

这个民族自己也说，他们的发祥地在周原，也就是今天的陕西省岐山县一带，因此族名叫周。周原在泾水和渭水两河之间，土地肥沃，物产丰富，据说就连野菜都是甜的，猫头鹰叫起来也像唱歌。迁徙到这里的周人应该有很多田地，里面长满庄稼。

所以，周字就得像田字，但方格当中要加小点。

有文字学家认为，这就是关中平原的象形。

那么，这块种满庄稼的田加上口呢？

就有了缜密严谨的意思。

然后，又引申为周到、周遍、周全。

这就是《周易》之“周”的第二个意思：

把世上所有的事情和道理都讲到了。

第三个意思是：

周而复始。

因为周还有周转的含义。从头到尾就叫作周，比如周年。这个特点我们后面还会详细解读。

总之，《周易》的“周”有三个意思：

周人或周代。
周到、周遍、周全。
周而复始。

因此可以说：

《周易》就是一个农业民族周全的智慧。

这是第一层。
下面说“易”。

本书对古文字的解释均请参看《汉语大字典》和《古文字诂林》

什么是易

易的含义比“周”丰富，也更复杂。

单单字源，就有三种说法。

最流行和常见的是：易上面是日，下面是月。白天太阳，晚上月亮。走了太阳，来了月亮。两大星体交替出现，互换位置，轮流坐庄，便是易。

这就叫：

日月为易。

这倒是通俗易懂。

可惜，没有古文字的依据。

第二种说法是：

蜥蜴。

蜥蜴（Lizard）是爬行类冷血动物，中国民间又叫四脚蛇或蛇舅母，也叫变色龙，因为不少蜥蜴都会根据环境变换颜色。据说，秦始皇还曾经命令它看守宫中的钥匙，从此没人敢偷东西，所以又叫守宫。

易字来源于蜥蜴或变色龙，说明什么呢？

说明“易”的意思是：

变易。

这倒是跟前一种说法相似。

没错，太阳和月亮日夜交替出现，互换位置，轮流坐庄，也正好意味着变易。

那么，有古文字依据吗？

据说有，举出来的例子是这样两个字：

你看像蜥蜴吗？

恐怕更像鸟。

其实，它也是从别的字形演变过来的。

看看下面这三个字就知道：

最右边这个，像是上海的简称：沪。

当然不是。而且，它同样不是最早的字形。

最早的字形，应该是这样的：

这个字形，表示用双手捧着器皿，把液体（水或者酒）倒入另一个器皿，实际上是一个动作。

后来的字形，又省去了双手。

结果在甲骨文里，就变成了这样：

到金文，又变成这样：

其实前面金文的这个字，液体也还在往外。全都出来以后，看上去就像“沪”字了。

这恐怕才是“易”的本义：

倒水。

或者说：

交换位置。

再或者说：

交易。

所以，后来便把互通有无称为交易和贸易。

由此得出结论：

易就是变，变易。

三个字源，结论都一样。

这是“易”的第一层意思。

第二层是：

不易。

不易并不是不容易，而是不变。

易，不是变吗？怎么又是不变？

因为：

变就是不变。

这也是中国古文字的特点：同一个字，往往表示着正反两面的意思，比如金文的乱：

这个字，非常象形。

上面和下面各一只手。

中间一团乱麻或乱丝。

两只手正在理顺。

所以，乱字的本义不是混乱的乱，是治理的治。

但，治理是因为混乱，所以**治也是乱**。后来，大家觉得乱和治都用同一个字，也太乱了，这才将**治水的治**专门用来表示治，**乱丝的乱**专门用来表示乱。

乱可以是治，易也可以是不易。

那么，什么变，什么不变？

事情变，现象变，背后的规律不变。

也就是说：

变化的是现象，不变的是规律。

而且，现象会变也是规律。

这就是《周易》的思想：

我们这个世界，永远都在变化。

唯一不变的就是变。

变是不变的，变化的规律和结果，包括怎样变和变成什么，也是不变的。

所以：

《周易》就是讲变和不变的书。

第三层意思则是：

简易。

简易就是简单明了，通俗易懂。就是说，**《周易》很简单**。它用最直截了当和一目了然的方式，把天地宇宙间千变万化的复杂现象都讲明白了。

怎样简单明了？

以后再说。

总之，《周易》之“易”有三个意思：

简易。

变易。

不易。

再加上对“周”的理解，就可以这样解释书名：

产生于周代，用最简单明了的方式，周到而周全地回答世界变化之周而复始规律的经典著作。

经与传

现在说经。

经这个字，与纺织业有关。我们民族很早就掌握了纺织技术，最早使用的原料有葛、麻和蚕丝。丝织成的叫帛，麻织成的叫布。棉布，则很晚才有。

但最重要的，还是发明了纺织机。

纺织机上的纵线，就叫**经**。

有经就有纬，纬就是横线。纺织机工作时，经线是不动的。纬线来回穿梭，纺织品就织成了。

由此得出一个概念：

不动的就叫经。

于是，经就跟常联系起来，叫**经常**。

常有普通的意思，叫**寻常**。

也有永恒的意思，叫**恒常**。

表现于思想文化，则是：

永恒不变的普遍真理就叫经。

经典这个词就产生了。
古人的定义是：

恒久之至道，不刊之鸿教也。

翻译过来就是：

永恒不变的最高智慧。
一个字都动不得的伟大教导。
放之四海而皆准的绝对真理。

写成书，就叫**经**。
或者说，

经，就是代表永恒真理和绝对真理的著作。

在中国古代，这个字不能随便乱用。

那么，传呢？

传字出现得比经要早。经字只发现金文，传字则有甲骨文，它的甲骨文和金文字形是这样的：

这个字的意思，文字学家有不同解释。

有人认为是纺锤。

有人认为是陶钧。

也有人认为是驿站或车马。

总之，经是不动的，传则转个不停，正好相反。

传是解释经的。因为经文产生得早，大多简单古朴语焉不详，后人看了一头雾水，这就要由那些看得懂的人来做传。除了做解释，也发表心得体会。

《易传》就是《易经》的传。

不过，《易传》和《易经》却是两回事。

《易传》是哲学。

《易经》是占卜。

占卜并不就是看星座，看星座只是其中一种，最早由西亚两河流域的牧羊人在公元前三千年发明，叫美索不达米亚占星术（Mesopotamian astrology）。

中国古代不用这个，用卜筮（读如世）。

卜和筮，是两种方法。

具体地说，**卜**就是先在乌龟的壳或兽类的骨头上面钻眼，然后放到火里去烧。烧的时候，钻了眼的龟甲或兽骨会有裂纹，还会扑扑扑地响，所以叫“卜”。

占呢？

就是察看，看裂纹的走向和形状，比如某种凶或者某种吉。这些预示了凶吉的裂纹，就叫**兆**。

预示好结果的，则叫**好兆头**。

察看了兆头，就知道某个事情可以做，某个事情不能做。最后，占卜的结果，要用文字刻在龟甲或者兽骨兆纹的旁边，这样的文字就叫**甲骨文**。

那么，**筮**呢？

筮法用草，叫蓍（读如诗）。

蓍草一共五十根，长短各半，二十五根长的，二十五根短的。先要随便从当中抽出一根来放在旁边，剩下的四十九根任意分堆。分下来看，最后是几根长的几根短的，然后根据这个做解释。这就叫**筮**。

卜是商人的手段，筮是周人的发明。

周人在后，所以同时也用龟甲或兽骨占卜。

筮和卜如果结论不同，还要吵架。

其实，不管是卜还是筮，都要解释，还得有道理，有依据，有权威性。这样一来，就要有操作手册和实用指南之类的书，而《易经》就属于这一类。

但，这跟哲学有什么关系？

是没关系。

所以《易传》产生得很晚。

晚到什么时候？

战国末和秦汉初。这时，我们民族刚刚经历了先秦诸子百家争鸣，哲学兴趣和思辨能力空前提高。结果便有人认为，那本占卜指南看起来简单，其实不然，简直就是在讲宇宙间的普遍真理。所以，这些不知道名字的人决定再写一本书来进行阐释，这就是《易传》。

于是，我们又可以得出结论：

《周易》就是讲普遍真理的书。

那就来弄清楚其中的奥秘。

本节引文见刘勰《文心雕龙》
织布机图参考王玉哲主编《中国古代物质文化》

易经的故事

越是高级的东西越简单

天皇皇，地皇皇，
天地万物皆阴阳。
两根短，一根长，
搭起积木盖起房。

风也狂，雨也狂，
鸡蛋清变鸭蛋黄。
路漫漫，野茫茫，
有志青年当自强。

阴与阳

先来看《易经》。

《易经》的系统有两个：符号和文字。

文字是说明符号的，这个以后再说。

符号当中，最基本的是**爻**（读如摇）。

它的意思，是交错和变动。

爻有两种。

第一种是这个样子的：

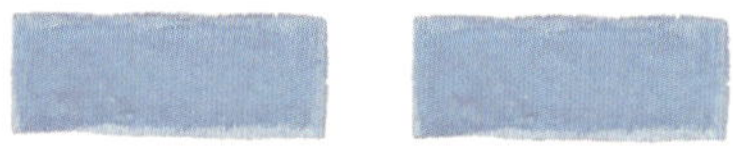

阴爻

我们管它叫**阴爻**。

阴爻是女人的符号，我们可以叫它母亲。

如果愿意，也可以叫它女娲。

第二种是这个样子的：

阳爻

我们管它叫**阳爻**。

阳爻是男人的符号，我们可以叫它父亲。

如果愿意，也可以叫它伏羲。

哇，简直可以生小宝宝了！

岂止是小宝宝。按照《易传》的说法，世界上一切事物都是它们生的。

为什么呢？

因为世界的根本，就是两个字：

阴阳。

什么意思呀？

我们慢慢说。

首先，**世间万事万物，都可以成双成对地分为阴阳两种**，也就是阴性的和阳性的，比如：

地为阴，天为阳；

月为阴，日为阳；

水为阴，山为阳；

女为阴，男为阳。

产生这种观念毫不奇怪，因为《易经》原本就是讲占卜的。占卜的结果，则无非凶和吉。凶吉是矛盾对立的双方。转换为中国哲学的术语，就是阴阳。

阴阳，归根结底是抽象。

这个观念，甚至可以应用于现代科学。比如在原子中，围绕原子核旋转的带负电荷的电子是阴，带正电荷的原子核是阳。负原子也一样。

其次，**同一事物也有阴阳两面**。

比如树叶，朝下的就是阴，朝上的就是阳。

又如书本，封底就是阴，封面就是阳。

再比如山，朝北那面是阴，朝南这面是阳。

不过，水是反的，南边是阴，北边是阳。

所以，会稽山北为山阴，汉水之北为汉阳，甘肃省敦煌市的边关位于玉门关之南，便叫阳关。

阳关大道，前途光明啊！

再次，**阴阳可以概括一切矛盾对立的双方：**

正与反。

上与下。

南与北。

黑与白。

这些都可以理解为阴与阳。

问题是，那又怎么样？

就可以做一件事：

还原。

什么意思啊？

就是简单化，简单到不能再简单。

这是哲学家最喜欢做的事情。比如古希腊的毕达哥拉斯（Pythagoras）学派就认为，我们这个世界归根结底是由一些数字以及它们之间的数学关系构成的。

比如音乐，其实就是数学。

中央 C，振动频率是每秒 260 次。

比它高八度的，每秒 520 次，刚好 1 倍。

G 音，每秒 390 次，是中央 C 的 1.5 倍。

可见，乐音之间是有数学关系的。

视觉艺术也一样。如果将整体一分为二，较大部分与整体、与较小部分的比值均约为 0.618，就叫：

黄金分割。

毕达哥拉斯学派认为，这就是美。

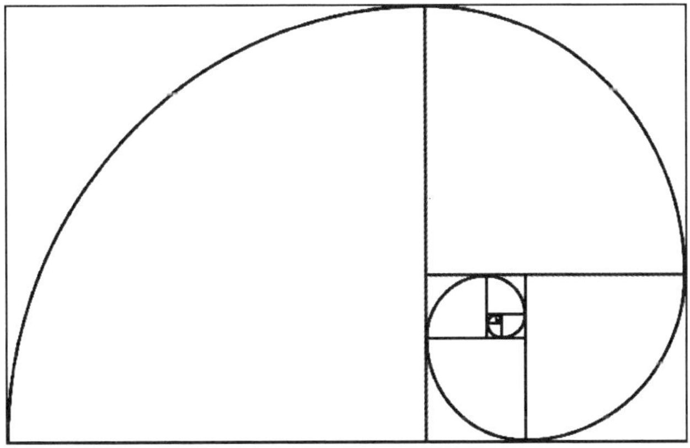

总之，世界可以还原为数与数的关系。而且，这种关系如果非常和谐，那么，世界就是美好的。

《周易》也一样，只不过是还原为阴阳。

有此还原，占卜就上升为哲学。

更重要的是，就能抓住根本，掌握规律。

所以《易传》说：

一阴一阳之谓道。

这句话有两层意思。

第一层同时也是最基本的意思是：

世界归根结底由阴与阳这两个选项构成。

物质，有阳性物质和阴性物质。

现象，有阳性现象和阴性现象。

规律，有阳性规律和阴性规律。

既然如此，就可以得出结论：

变化的规律就在阴与阳的关系之中。

这是第二层意思。

那么，阴阳的关系是什么？

相生，相克，共存，转化。

比方说，天是阳，地是阴。这两个都不会哪天突然没了。而且，没有天就没有地，没有地也就没有天。

这就叫：

你也存在，我也存在。

任何事物中，也都有阴有阳。

比如天，虽然总体上是阳性的，天体和天象却阴阳都有。太阳就是阳，月亮就是阴。白天就是阳，黑夜就是阴。阴性的地也一样。山和戈壁就是阳，山中泉水和沙漠绿洲却是阴。沼泽与湖泊，也是阴。

可见，天是阳中有阴，地是阴中有阳。

这就叫：

你中有我，我中有你。

实际上，任何事物都是阴阳共存的。山北是阴，山南是阳。水北是阳，水南是阴。山也好，水也好，都不可能只有南没有北，只有阳面没有阴面。

这就叫：

你离不开我，我离不开你。

为什么呢？因为孤阴不生，独阳不长，单纯的阴或单纯的阳不可能存在。所以，阴和阳，不但共存，还要转化。比方说，白天变成夜晚，夜晚变成白天。

冬变成夏，夏变成冬，也是。

这就叫：

你变成我，我变成你。

这就是阴和阳的关系。

剩下的事情，就是怎么变。

这就要看卦与爻。

本节引文见《易传·系辞上》

卦与爻

世界的变化在于阴阳。

表现在《易经》中，就是**爻的变动和互动**。

最简单的变动，是爻的叠加。实际上《易经》所有的符号都由爻组成，组成的方式也都是从下往上。也就是说，我们数数的时候，要从下面往上数。

首先，在阳爻上面加一根阳爻。

下面是一根阳爻，上面再加一根阳爻，两个阳爻相叠加，就变成了这个样子：

太阳

这个符号，两爻都是阳，因此叫**太阳**。

其次，在阳爻的上面加一根阴爻，阴爻在上，阳爻在下，就变成了这个样子：

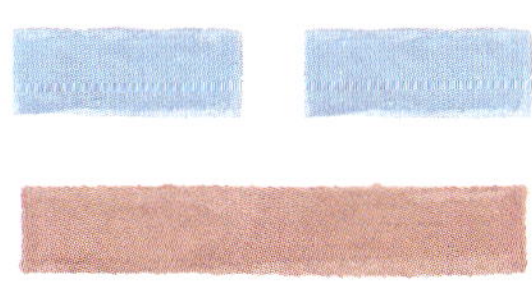

少阴

这个符号一阴一阳，阴爻是后加的，表示阳性符号开始向阴性符号转变，最终要变成阴性的。只不过现在还不是纯粹的阴性，因此叫**少阴**。

少阴翻一个个儿。

或者说，在阴爻上面加一根阳爻。

就变成了这个样子：

少阳

这个符号也是一阴一阳，以阴为基础，又有了阳的成分，但不是纯粹的阳性，因此叫**少阳**。

最后，将少阳上面的符号替换成阴爻。

或者说，在阴爻上面也加一根阴爻。

两根阴爻相重叠，就变成了这个样子：

太阴

这个符号全阴，因此叫**太阴**。

问题是，上面的爻是从哪里来的？

有两种说法。

一种说是从对方那里借的。

阳爻借来阴爻，是少阴。

阴爻借来阳爻，是少阳。

这就叫**互动**。

另一种认为是自己变的。

阳爻变出阳爻就是太阳，变出阴爻就是少阴。

阴爻变出阴爻就是太阴，变出阳爻就是少阳。

这就是**变动**。

但不管怎么说，排列组合的结果一共四个。

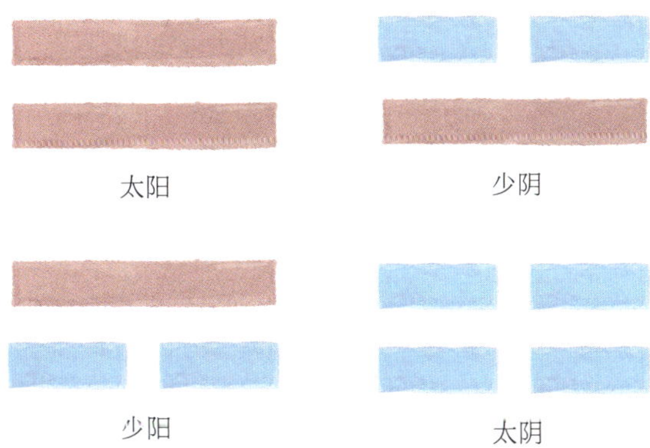

这就叫**四象**，是第一步。

第二步呢？

在这四个符号上，各自再加一根爻。

我们都学过排列组合，也知道加下来是多少。

没错，八个。

这八个符号，是这个样子的：

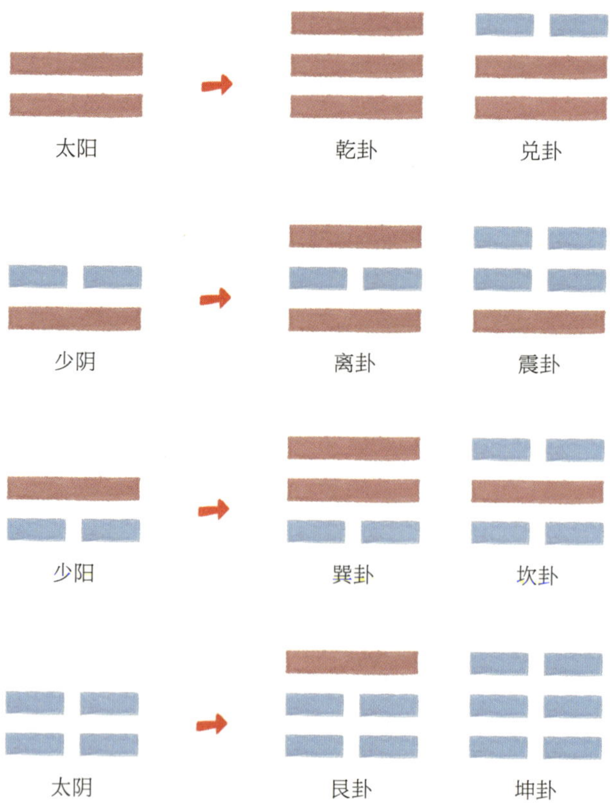

这就是**八卦**。

八卦又叫**小成之卦**或**经卦**，是《周易》的核心组成部分。实际上《周易》揭示世界的变化和规律，就是靠爻和爻组成的卦来完成的。所以，它们都有卦名，也有象征意义，更有各自不同的样子。为了便于记忆，南宋的哲学家朱熹还编了一首《八卦取象歌》：

乾三连，坤六断。
震仰盂，艮覆碗。
离中虚，坎中满。
兑上缺，巽下断。

现在，我们就来一卦一卦地看。

第一个，太阳上面再加阳爻，变成这样：

这是乾卦，代表天。

乾卦三阳爻，都是连着的，所以叫**乾三连**。

第二个，太阳上面加阴爻，变成这样：

这是兑卦，代表泽。

兑卦上面是一根阴爻，所以叫**兑上缺**。

第三个，少阴上面加阳爻，变成这样：

火

离卦

这是离卦，代表火。

离卦当中是阴爻，虚的，所以叫**离中虚**。

第四个，少阴上面加阴爻，变成这样：

雷

震卦

这是震卦，代表雷。

震卦上面两阴爻，下面一阳爻，样子就像一个口朝上的钵盂，所以叫**震仰盂**。

第五个，少阳上面加阳爻，变成这样：

这是巽卦，代表风。巽，读如训。

巽卦下面是一根阴爻，所以叫**巽下断**。

第六个，少阳上面加阴爻，变成这样：

这是坎卦，代表水。

坎卦上下是阴爻，缺的；中间是阳爻，满的。上下中断，中间不断，所以叫**坎中满**。

第七个，太阴上面加阳爻，变成这样：

这是艮卦，代表山。艮，读如跟的去声。

艮卦的样子，与震卦正好相反，就像一个倒扣下来的碗，所以叫**艮覆碗**。

第八个，太阴上面加阴爻，变成这样：

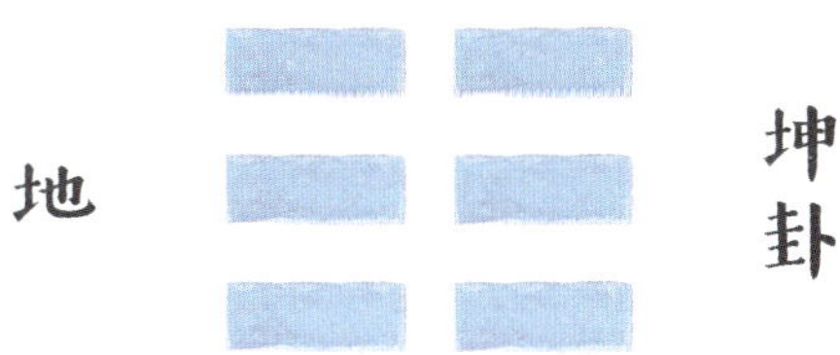

这就是**坤卦**，代表地。

坤卦三阴爻，都是断的，所以叫**坤六断**。

更好玩的是，如果按照朱熹的歌来排序，就会发现八卦可以分成样子刚好相反的四组：

乾和坤。

震和艮。

离和坎。

兑和巽。

不信你看：

乾三连，坤六断；

震仰盂，艮覆碗；

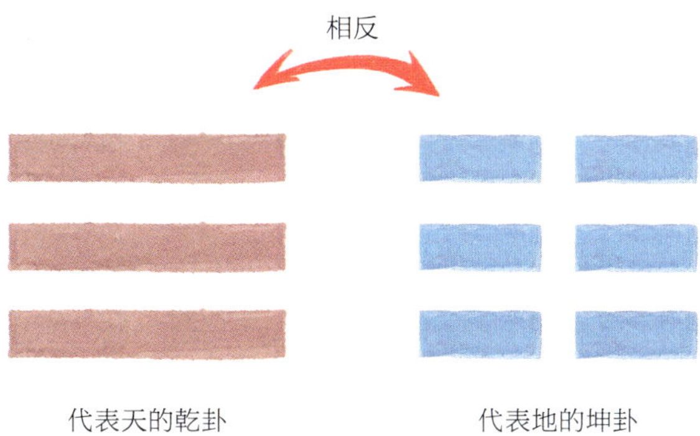

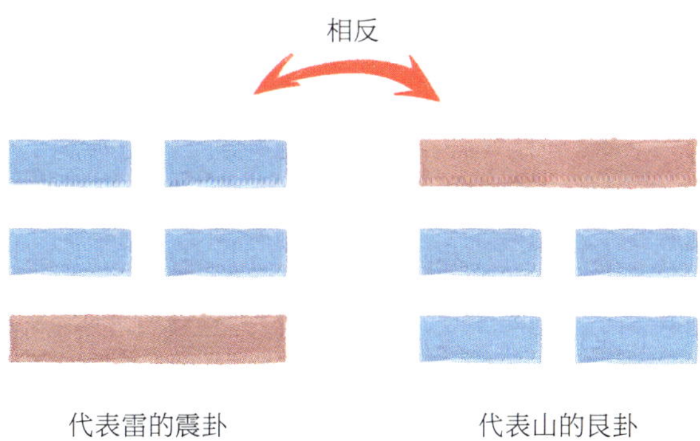

离中虚，坎中满；

兑上缺，巽下断。

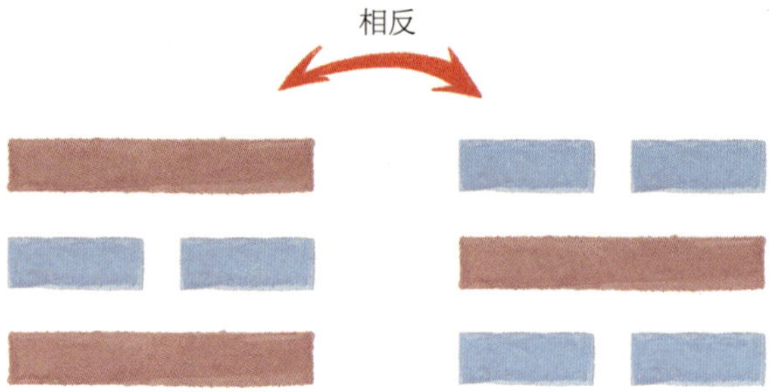

代表火的离卦　　代表水的坎卦

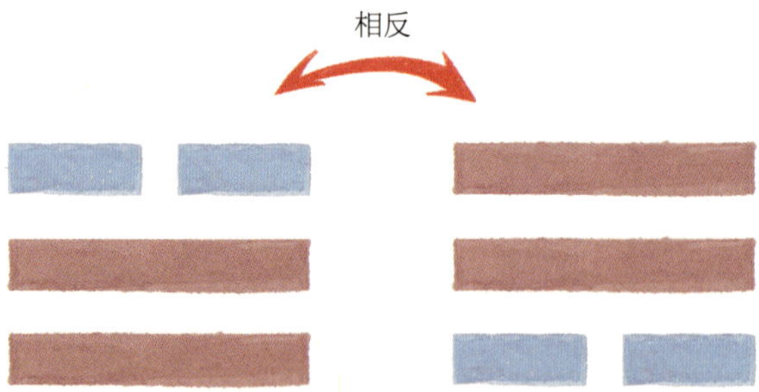

代表泽的兑卦　　代表风的巽卦

为什么刚好相反呢？

哈！“一阴一阳之谓道”呀！

还有更好玩的呢！你来看这四个卦：

乾卦

离卦

坎卦

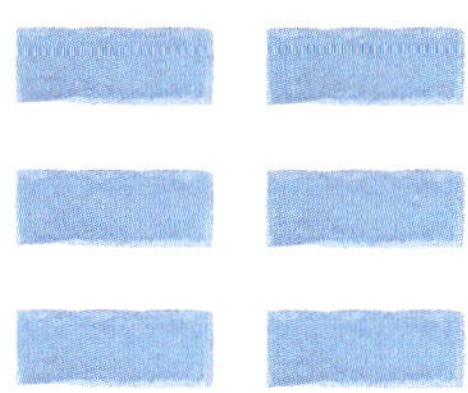

坤卦

看出共同点来了没有？

告诉你吧，这四个卦都不怕翻跟头。

上下颠倒，还是原来的样子。

这样的，就叫**正卦**。

四个正卦，又可以分为两组。

第一组：乾和坤

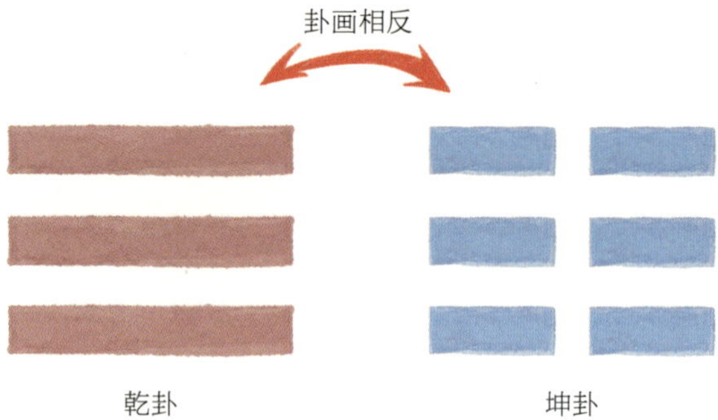

第二组：离和坎

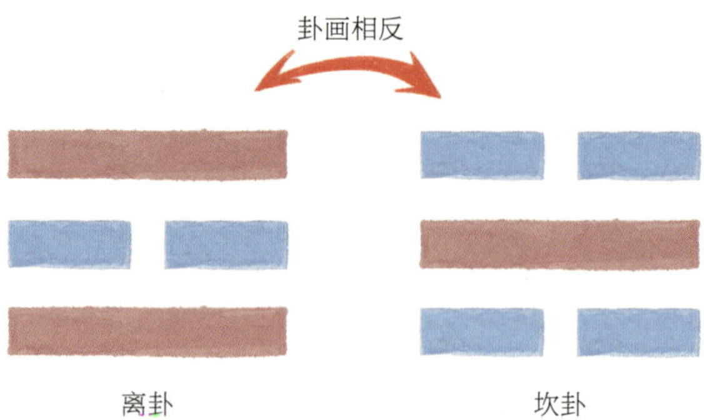

有什么共同点呢？乾和坤也好，离和坎也罢，它们的卦画，也就是每一笔都是相反的。在这一卦里面如果是阳，在另一卦里面便一定是阴。

这样的关系，就叫**错卦**。

错卦有四组：
乾和坤。
离和坎。
兑和艮。
巽和震。
它们都是互为错卦。

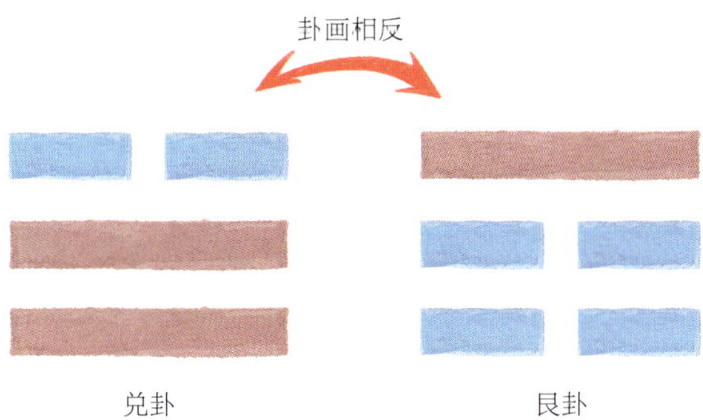

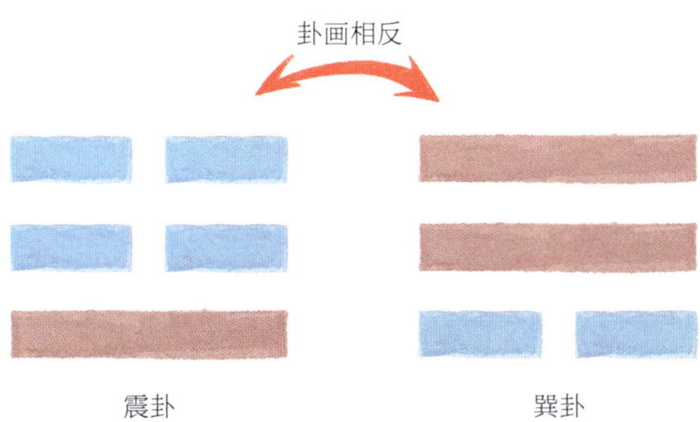

如果上下两爻性质相反，就叫**综卦**。

互为综卦的有兑和巽，震和艮：

兑卦　　巽卦

震卦　　艮卦

有趣的是，乾和坤、离和坎这两组错卦，同时也是综卦。也就是说，四个正卦一定是成双成对，互为综卦和错卦。剩下四卦，则有着交错和循环的关系。

简单地说就是：

巽的综卦是兑。

兑的错卦是艮。

艮的综卦是震。

震的错卦是巽。

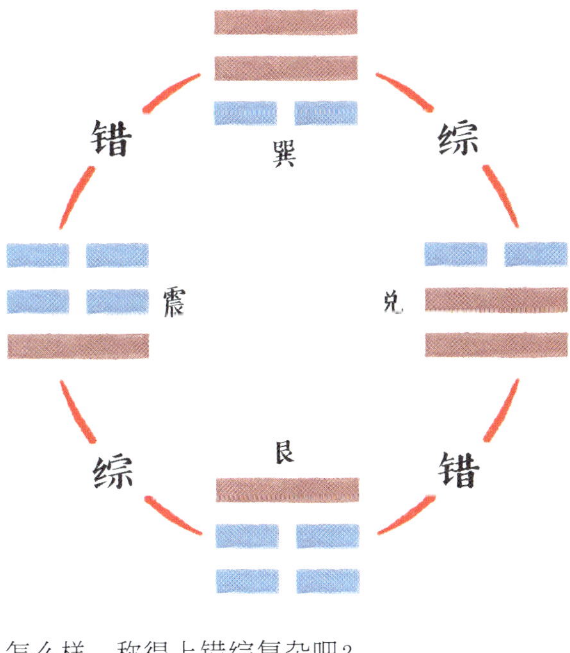

怎么样，称得上错综复杂吧？

而且周而复始。

其实，交错是《周易》的一大特点。

所以，太阳的后面不会是少阳，一定是少阴。

四象上面加爻的次序，则是先阳后阴：

太阳加阳爻得乾，加阴爻得兑：

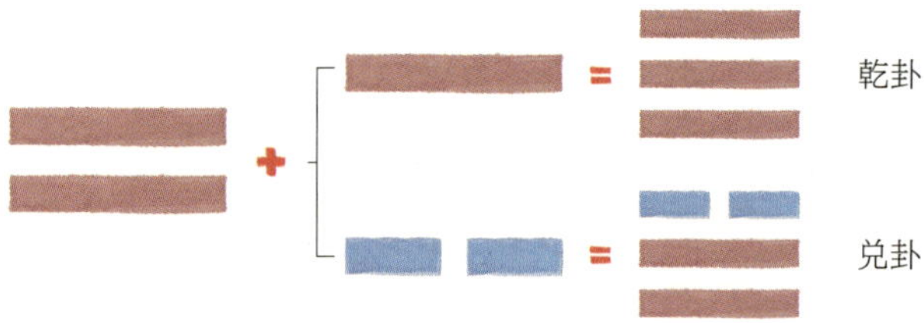

少阴加阳爻得离，加阴爻得震：

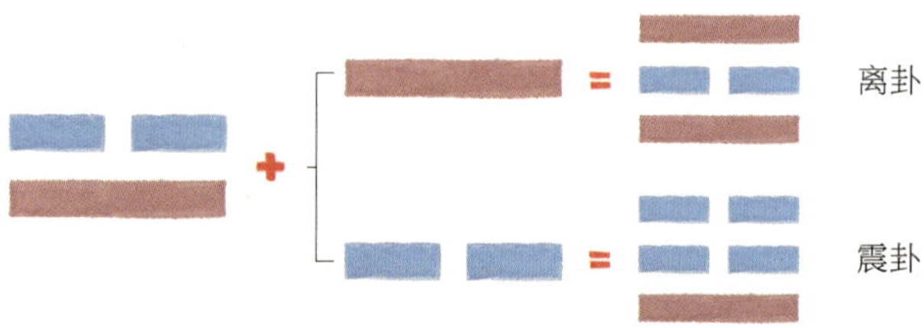

少阳加阳爻得巽，加阴爻得坎：

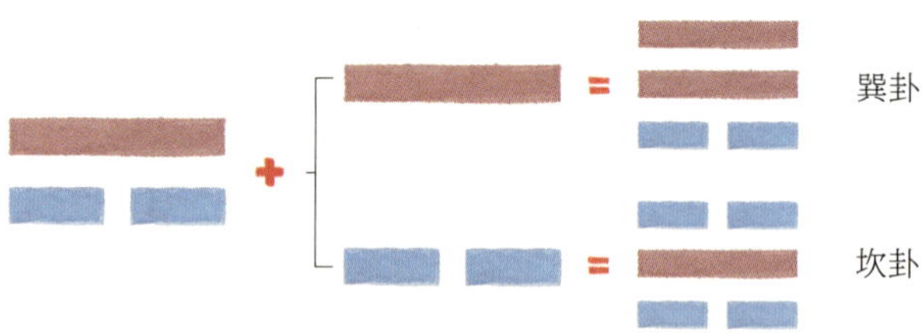

太阴加阳爻得艮，加阴爻得坤：

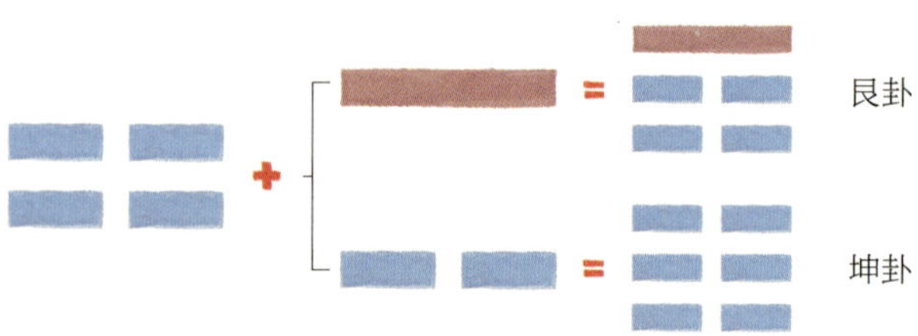

现在，四象已经变成了八卦。

下一步，是八卦和八卦相重，就是**六十四卦**。这六十四卦，就叫**大成之卦**，也叫**别卦**。

也就是说，卦有两种：

经卦或小成之卦：八卦。

别卦或大成之卦：六十四卦。

有了六十四卦，整个系统就建立起来了。

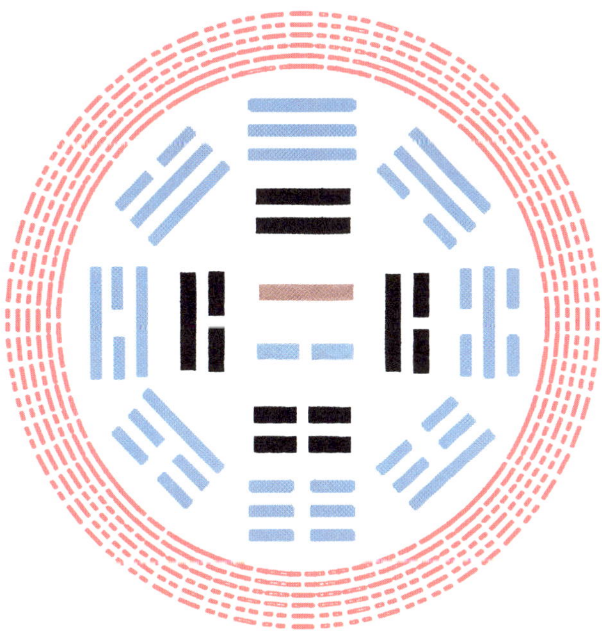

诸位是不是觉得太复杂了？

是很复杂。但是，相对于纷繁的大千世界，它仍然是非常简约的。看不懂，其实是因为太简约。不但要概括整个世界的现象和变化规律，还只用符号，当然难懂。

不过，只要读完前面部分，就能发现：

卦，是多样的，也是统一的。

它们之间，是有联系的。

联系和变化，则又是有规律的。

卦的变化，取决于爻的变化。

爻与卦，是破译《周易》秘密的钥匙。

这样说，就简单多了吧？

那就去看看六十四卦。

《八卦取象歌》引自宋朱熹撰明成矩编《别本周易本义》

六十四卦

说起六十四卦，最有趣的恐怕是排序。

第一和第二是乾坤，这并不奇怪。毕竟，乾坤代表的是天地。就连第三位是屯也都不稀奇，因为屯是聚集盈满万物成长的意思。乾卦纯阳，坤卦纯阴，阴阳交会必然产生变化诞育生命，一切也就从此开始。

有意思的是最后两卦。

第六十三卦　既济卦

第六十四卦　未济卦

这两卦的特征十分明显，都是由两个正卦叠加相重而成。而且，两个正卦都是离卦和坎卦。只不过，上下相反，一个是离下坎上，一个是坎下离上。

它们的卦名和意思也相反。

前面一个叫**既济**。

后面一个叫**未济**。

济就是成功。

既济就是已经成功，未济就是还没成功。

为什么是这样两个意思？

先看既济。

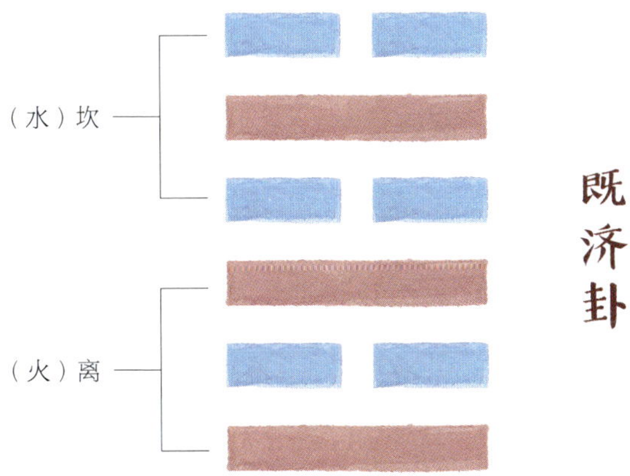

既济，上面是坎卦，下面是离卦。

坎为水，离为火。

上坎下离，这叫水在火上。

或者说，火在下面，水在上面。

水要灭火，能成。

火要烧水，也能成。

所以说，既济，就是已经成功。

未济呢？

对不起，正好相反。

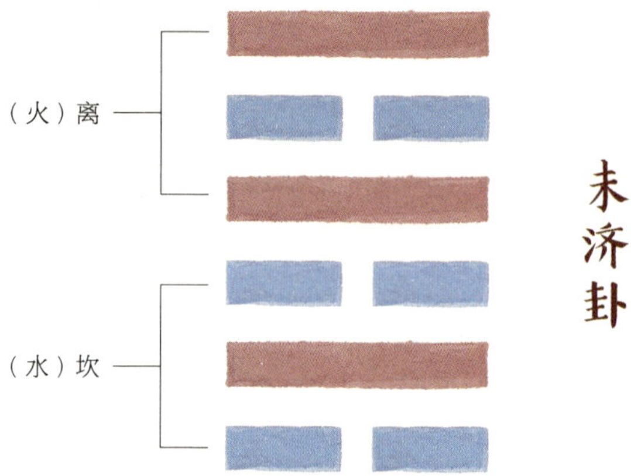

未济的下面是坎卦，上面是离卦。火在上面，水在下面。火往天上飘，水往低处流，根本就不搭界，哪里能成事？所以，未济就是还没成功。

这就很有点耐人寻味了。

什么意思呢？

既济在前，第六十三；未济在后，第六十四。也就是说，整个《易经》的符号系统从乾坤两卦开始，一路走来，历尽沧桑，转到第六十三卦，哈，成了！

但，它的后面还有一卦啊！

而且是未济。

嘿，还没成！

那又怎么办？

重新开始，再来一遍。从乾坤两卦起步，然后依次转它一圈，最后回到既济和未济。

这就体现了《周易》之周的第三层意思：

周而复始。

如此讲究是必要的，同时这也是《易经》卦序非常高明的地方——最后一卦绝不是成功。到了顶峰，后面就该走下坡路，必须再来一个未济才行。

当然，这也是一个新的起点，更高的起点。

中华智慧，也在其中了。

表现形式，却只是一个排序而已。

这就告诉我们：

越是高级的东西越简单。

越是真理越明了。

但是，这些符号看不懂啊！

所以，还得有传。

易传的故事

没有最好，只有最合适

天空一道彩虹，
水底一条蛟龙。
彩虹与龙相逢，
世界都会感动。

头顶一片蓝天，
脚下万丈深渊。
深渊与天相连，
便是春光乍现。

忧患意识

说《易传》之前，还得先说《易经》。

经，包括三个部分：

六十四卦的符号。

它们的卦名。

卦辞和爻辞。

卦辞是说明全卦要义的。

所以每卦只有一句。

爻辞是说明各爻要义的。

所以每卦有六句。

传的种类就多了，有的还分上下篇。古人说是孔子写的，但恐怕靠不住。因为《易传》中的许多思想接近于荀子，所以应该是战国末到秦汉初的作品。

那就先说两种最重要的：彖辞和象辞。

《**彖辞**》也叫《彖传》，总论各卦的基本观念，一般先解释卦名，再解释卦辞。在目前看到的《周易》这本书里，它们都排在卦辞之后。

《**象辞**》也叫《象传》，说明卦和爻的象征意义。

解释卦的叫大象，排在彖辞之后。

解释爻的叫小象，排在爻辞之后。

两种《象辞》性质不同。

小象一般比较具体，大象则往往是对卦义的哲学和伦理学提升，比如大家耳熟能详的两句：

天行健，君子以自强不息。

地势坤，君子以厚德载物。

没错，这正是乾坤两卦的大象《象辞》。

值得注意的，还有既济和未济。

前面说过，既济是上坎下离，水在火上，所以干什么都能成功。但是它的大象《象辞》却说：

君子以思患而豫防之。

也就是说，你要心存忧患，居安思危呀！

接下来，未济的大象《象辞》也说：

君子以慎辨物居方。

也就是说，你要小心谨慎，别看走眼呀！

成不成功，都不轻松。

难怪《易传·系辞下》说：

作《易》者，其有忧患乎？

有忧患也不奇怪，因为《周易》表现的是农业民族的智慧。农民很不容易的。春天把种子播下去，秋天才能把粮食收回来。可是一场大雨，或者一场冰雹，弄不好就什么都没有了，怎么能不忧心忡忡未雨绸缪呢？

周是农业民族，所以周人忧患。

还有一个原因：他们是胜利者。

胜利是突如其来的。武王伐纣时，周人的综合国力根本就没法与殷商王国相比，他们的盟军更不过是一帮乌合之众。然而怎么样呢？仅仅三十多天，中华大地就换了王旗。战败国的贵族们甚至不得不改头换面，参加新政权的开国大典，对敌国的祖宗行礼如仪。

此情此景，让周公倒吸一口冷气。

周公是周武王的弟弟，西周文明的奠基者。他看着那些殷商贵族失魂落魄的样子，不由得想了很多：天命无常啊！我们周人会不会也有一天，沦落到穿着别人的礼服，跟在别人后面去祭祀别人的祖宗？

必须小心谨慎，如临深渊，如履薄冰。

生于忧患，死于安乐啊！

这是周人的共识。

于是，便有了《周易》的第一种智慧：

忧患意识。

不过，如果只是干着急，或者整天愁眉苦脸，就不是智慧了。周人了不起的地方，在于他们一方面小心谨慎居安思危，哪怕成功了也不得意忘形，同时又认真进行研究，用心发现规律，积极主动地解决问题。

那么，周人发现的规律是什么？

看六个经卦就行。

前面说过，《周易》共有八个经卦。除了乾坤两卦之外，其余的是：兑、离、震、巽、坎、艮。

这六卦，有什么特点呢？

阳卦多阴，阴卦多阳。

这是《易传·系辞下》说的。

不过，要理解这句话，得有点知识。

什么知识呢？

首先，八卦可以分为两类。

一类叫**阳卦**。

一类叫**阴卦**。

怎样区别呢？

看卦画，也就是笔画。

笔画为单数的叫**奇**（读如基），双数的叫**偶**。

奇数的为阳，偶数则为阴。

现在看，哪些是阴卦，哪些是阳卦？

震卦　　坎卦　　艮卦

震、坎、艮，都是五画，是阳卦。

再看，这三卦几根阴爻，几根阳爻？

都是两阴爻，一阳爻，阴爻比阳爻多。

对！这就叫“阳卦多阴”。

再看另外三个。

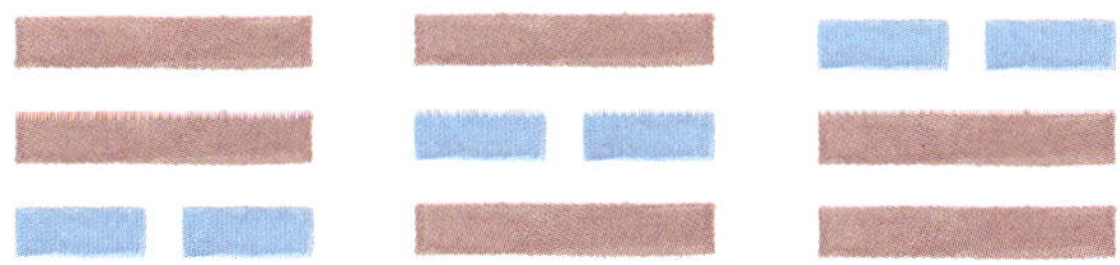

巽卦　　离卦　　兑卦

巽、离、兑，都是四画，是阴卦。

而且，两阳爻，一阴爻，阳爻比阴爻多。

对！这就叫“阴卦多阳”。

也就是说：

阳性物质或阳性现象，往往阴性的成分多。

阴性物质或阴性现象，反倒是阳性成分多。

且慢，这话不对吧？

怎么不对？

乾坤两卦就不是这样。

的确如此。乾是纯阳，坤是纯阴，最为特别。所以看这两卦另有方法，以后还要再说。

阳卦多阴，阴卦多阳，才是普遍规律。

这说明什么呢？

任何事物都有正反两面。而且，内在和隐性的一面往往比外在和显性的更为强大和更有希望。

那又怎么样？

非变不可！因为有矛盾，还是内在的嘛！

难怪《周易》认为：

世界永远在变，唯一不变的就是变。

这就要忧患。

道理也很简单：如果把成功看作阳卦，把失败看作阴性，那么，按照“阳卦多阴”的规律，成功之日便是失败开始之时，至少存在失败的可能性。如此，又岂能不居安思危，未雨绸缪，防患于未然？

反过来也一样。如果把失败看作阴卦，把成功看作阳性，那么，按照“阴卦多阳”的逻辑，成功的可能性就已经存在了。所以，得意时不要忘形，遇到挫折也不必沮丧，变化迟早会发生。

物极必反，触底就会反弹。

但，失败者就肯定成功，成功者就必然失败吗？

也不一定。

这个问题，《周易》也告诉我们了。

通过什么方式讲的？

变卦。

换句话说，就是改变爻的位置或性质。

因为爻变了，卦就要变。

不妨做个实验。

先请看，下面这是什么卦？

没错，兑卦。

它的象征意义，是泽。

如果把最下面的阳爻提到最上面呢？

哇，离卦。

它的象征意义，是火。

火与泽，不一样吧？

如果把兑卦下面的阳爻换成阴爻呢？

哇，坎卦。

它的象征意义，是水。

这就叫变卦。

我们生活中，常常会说“你这人怎么变卦了”之类的话，就是从这儿来的。

但是，把离卦掉个个儿呢？

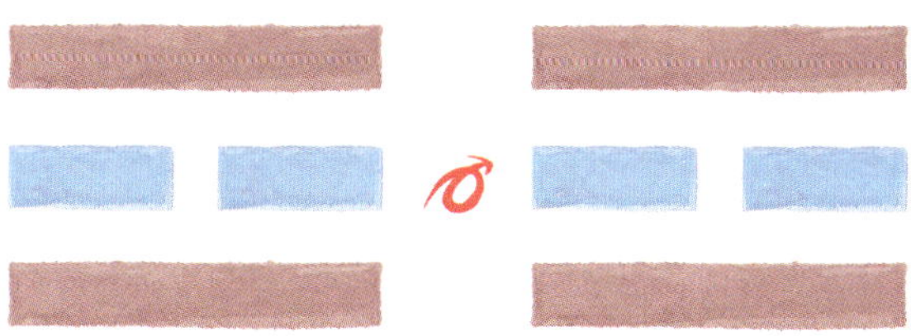

哇，还是离卦。

怎么变，变成什么，不一定吧？

这叫什么？

一切皆有可能。

事实上，没有千万次的试错，我们就难以找到科学发展的道路。但，这回错了，不等于下次就对。失败和错误未必一定导致成功和正确，能够肯定的只有：明明知道错了还要编造谎言为自己辩护，用新的错误掩盖旧的错误，绝对没救。

那该怎么办？

掌握规律，顺应形势，主动变革。

这就是《周易》的第二种智慧：

变革精神。

通行本《易传》包括《彖传》《象传》《系辞》《文言》《说卦》《序卦》和《杂卦》

变革精神

主张变革并不奇怪。

前面说过，在《周易》看来，我们这个世界永远都在变，唯一不变的只有变。变是不变的，变化的规律也是不变的。因此，变革对于人来说是好事。

这种思想，当然会体现在卦。

泰卦

否卦

看出特点和关系了吗？

没错，样子刚好相反。

左边那个，坤卦在上，乾卦在下。

右边那个，乾卦在上，坤卦在下。

这跟前面说过的既济和未济一样，也都是两个正卦叠加相重而成。因此它们的特点，同样是一卦之内互为综卦和错卦，放在一起也互为错综。

但，这还不是最重要的。

最重要的是，这两个正卦是乾和坤。

乾是什么？

天。

坤是什么？

地。

那么请问，我们平时看到的正常现象，天是在上面还是在下面？

当然是在上面的。

天在上，地在下，这不就对了吗？

当然对。可是，你知道这一卦叫什么吗？

否。

否，读如痞，是不好的。

相反，那个地在上，天在下的，叫什么呢？

泰。

这就是好嘛！比如三阳开泰、国泰民安。

奇怪，太奇怪了。正常的天在上，地在下，居然很不好，是否。异常的反倒称之为泰，非常好。

怎么解释呢？

否卦大象《象辞》的解释是：

天地不交，否。

泰卦大象《象辞》的解释则是：

天地交，泰。

交，是发生关系，也是矛盾冲突。

哈！原来，天在上，地在下，就没有问题，也没有矛盾，不会发生冲突，也就不会变。

那么反过来呢？

地在上，天在下，位置不对，就要变啊！

可见，泰卦好就好在**不对**。

对了就不好，就是否卦了。

这叫什么呢？

有矛盾，有冲突，能变化，就是好的。

没有问题也不能变，则很不好。

为什么呢？

因为《周易》认为：

有矛盾就有冲突。
有冲突就有变化。
有变化就有发展。
有发展就有前途。

实际上《易经》当中，但凡**吉卦**，都是暗示着内在矛盾，预示着发展变化的。比如革：

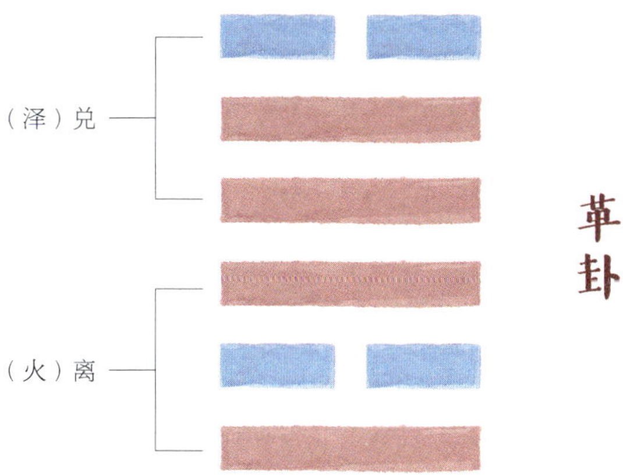

革，是泽上火下。
湖泊和沼泽的下面有火，还不革命吗？

所以它的小象《象辞》说：

大人虎变，其文炳也。

君子豹变，其文蔚也。

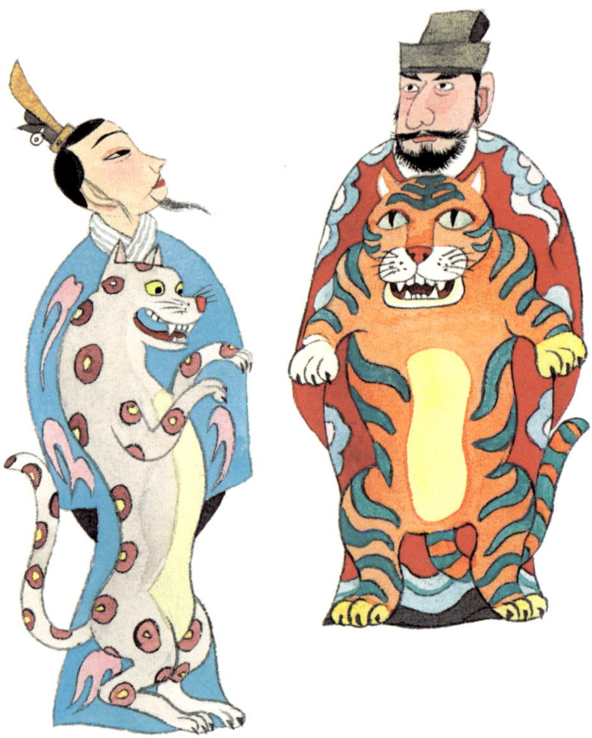

这两句话的字面意思是：

大人变革如虎，光明磊落。
君子变革如豹，文采斐然。

毫无疑问，这里说的大人和君子，其实是指新变革的领军人物。因此，虎变和豹变并不只是个人，而应该是时代。难怪革卦的《彖辞》会说：

天地革而四时成。
汤武革命，顺乎天而应乎人。
革之时大矣哉！

意思也很清楚：

天地变革，才会有春夏秋冬。时代变革，才能造就灿烂文明。商汤革夏桀的命，周武革殷纣的命，都顺乎天意，大得人心。一言以蔽之：

变革是伟大的事业。

这是对变革的高度肯定。

而且，不是**不怕变**，是**怕不变**。

不怕变是被动的。

世界要变，我没有办法，只好跟着变。

怕不变则是主动的。

你不变，我还着急。

想想看，这难道不是变革精神？

剩下的问题是：

怎么变？

《周易》提供了三条意见。

第一条意见是：

穷极而变。

《易传·系辞下》说：

易，穷则变，变则通，通则久。

穷，就是穷尽和极点。任何事情走到尽头，就无路可走，也就要变。所以三伏之后就开始变凉，三九之后就开始变暖。同样，一个人如果倒霉透了，只要咬咬牙挺过去，山重水复之后便是柳暗花明。

这就叫：

否极泰来。

同样地，如果你登峰造极，红得发紫，也千万不要春风得意忘乎所以，倒霉的事多半在等着你，弄不好就会乐极生悲。因此，逆境中要信心满满，顺境中要居安思危，成功时要夹起尾巴做人。

第二条意见呢？

与时俱进。

《易传·系辞下》说：

变通者，趣时者也。

趣，其实就是趋。

所以，趣时就是趋时。

也就是顺应时代潮流而变革。

在《易传·乾文言》那里叫：

与时偕行。

道理很简单：个人是渺小的，时势则很强大。而且时势强大，是因为最能反映世界变化的规律。规律不能违抗，只能顺应，顺之者昌，逆之者亡。因此，如果想进可攻，退可守，与时俱进主动变革便是不二法门。

那么，第三条意见呢？

恰到好处。

这也是《周易》的第三种智慧：

中庸原则。

兹事体大，我们单独来讲。

中庸原则

中庸是典型的中华智慧。

不过，一般人说起中庸，首先想到的是孔子。孔子当然是主张中庸的，他甚至认为那是最高智慧。实际上这种智慧在《周易》中就有了，而且无处不在。

那就还是举个例子。

乾卦

没错，这是乾卦。

乾卦中庸吗？

表面上看，一点都不，因为：

中就是不走极端，庸就是不唱高调。

乾坤两卦却不符合这要求。谁都知道《周易》六十四卦，其他六十二卦都有阴有阳，乾卦和坤卦却是纯阳和纯阴。如此走极端，唱高调，怎么是中庸呢？

看看乾卦的爻辞就知道。

不过，先得普及一点知识。

首先，爻辞是说明每一爻的。

其次，别卦（六十四卦）每卦六爻，它们的位次必须从下往上数，不能从上往下。最下面一位叫初，最上面一位叫上，其余的四位，叫二、三、四、五。

遇到阴爻，就称为六。

遇到阳爻，就称作九。

因此，乾卦六根阳爻的名称便如下图所示：

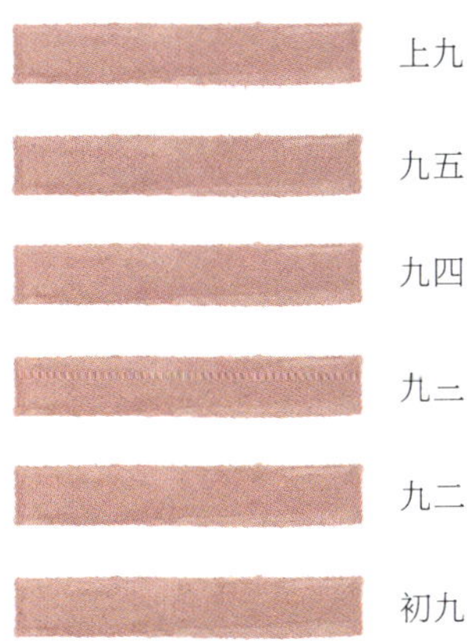

现在我们来看，乾卦的爻辞怎么说。

第一句是：

初九，潜龙勿用。

为什么会有这样一个解释？

因为乾是纯阳之卦。

所以看初爻的时候有一条原则，叫：**见初阳而不见其余之阳**。也就是说，要把上面五根都看成阴爻，这样才符合“阳卦多阴”的原则。

用不同颜色标出来，就是这个样子：

这样得出的印象是什么呢？

是一根阳爻象征着龙在最底下，上面五根阴爻意味着万丈深渊。而且按照六爻对应的季节，初九是农历的十一月和十二月，天寒地冻，阴盛阳衰。这个时候你就不要乱动，应该歇着，像龙一样潜伏在水底。

这就叫：

潜龙勿用。

接下来，是九二。

九二

早春

九二的爻辞是：

见龙在田，利见大人。

这样说，是因为六爻各有代表。

上面两个代表天，叫**天道**。

下面两个代表地，叫**地道**。

当中两个代表人，叫**人道**。

天、地、人，叫三才之道。

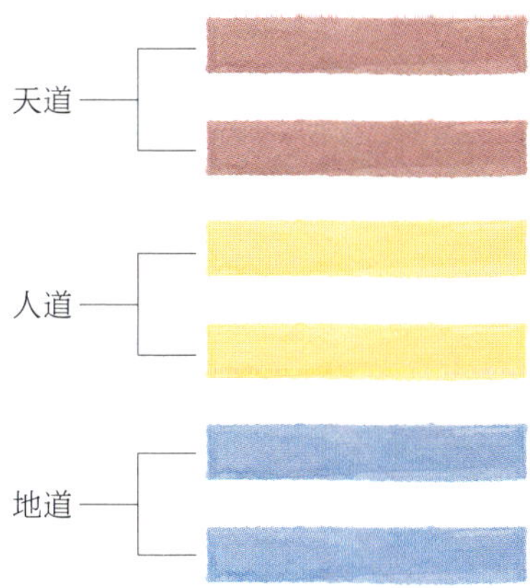

九二处于地道上位，龙就到地面上来了。

所以叫：

见龙在田。

见，读如现，显现的意思。

龙出现在田里，当然大吉大利。何况这时正是早春二月，阳光灿烂，大地锦绣，被《易传·乾文言》称为“天下文明”，完全可以有所作为。

接下来，是九三。

九三的爻辞是：

君子终日乾乾，夕惕若，厉，无咎。

乾乾就是勤奋强健，惕则是高度警惕。

白天勤奋强健，晚上还很警惕，叫朝乾夕惕。因为这时龙到了人道的下位，季节是春夏之交，也是农作物的发育期，必须小心伺候，不敢怠慢。

接下来，是九四。

九四的爻辞是：

或跃在渊，无咎。

九四处在人道上位，象征着龙到了深渊之上，天穹之下，可以说进退自如。对应的季节则是盛夏，农历的五月和六月。这是农作物的成长期，生命力旺盛，所以《易传·乾文言》称之为变革之际，也很不错。

接下来，是九五。

九五

夏秋之交

九五的爻辞是：

飞龙在天，利见大人。

此时是农历七月八月，处于夏秋之交，正是收获的季节。爻位也进入天道，就像龙飞到了天上。龙在天上飞翔，草木在地上丰收，是阳气的最佳状态，也是天德的成功之时，所以大吉大利，非常之好。

最后是上九。

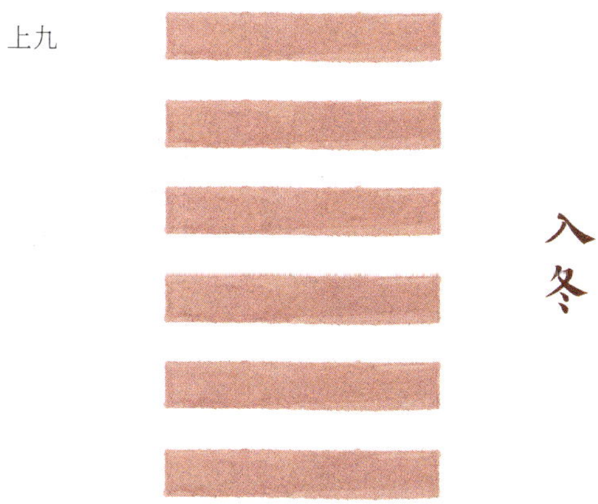

上九的爻辞是：

亢龙有悔。

亢，就是高亢、极致、顶点、最高处。如果再往上飞就过头了，要后悔的。何况上九对应着农历的九月和十月，已是深秋季节，阳气达到鼎盛。盛极必衰，之后就要进入到寒冷的冬天，乾卦也将反身变成坤卦。

这就是乾卦从初九到上九的发展变化。

现在再来看这六句爻辞：

初九：潜龙勿用。

上九：亢龙有悔。

都不怎么好。

九三：无咎。

九四：无咎。

倒也没问题。

九二：利见大人。

九五：利见大人。

大吉大利，非常之好。

这样看下来，发现规律了没有？

两头的不好，当中的好。

初九和上九就是两头的，其余则是当中的。

如果再将六爻分成两组：

初九、九二、九三，一组。

九四、九五、上九，一组。

那么，当中的当中，九五和九二，最好。

奇怪吗？

不奇怪。因为按照《周易》的观点，任何事物都是发展变化的。既然如此，那就会有一个过程。过程也有三个阶段。开始的时候，变化还不显著，特征也就显现不出来。最后一个阶段，又会走向自己的对立面，由阴变成阳，或者由阳变成阴，从而变得不是自己。

所以，开始不会太好，到了顶峰也不好。最合适和最适宜发展的，可不就是中间那个阶段？

结论是：

世界永远在变化，事物永远在发展。时间、地点和方式都恰到好处，就是发展变化的最佳状态。

二和五最好，原因就在这里。

因此，我们还可以得出结论：

没有最好，只有最合适。

最合适的，也一定不偏不倚而居中。

这，其实就是中庸。

中庸是《周易》的原则，也是中华文明一种独特的智慧。就连打麻将，二和五都很重要，二五八做将是要加分的。因为条、饼、万都是九张牌，分成三组等于三个经卦，每组当中就是二、五、八嘛！

哈哈，发明麻将的，难道精通《周易》？

当然未必。也只能说，这部中华经典的思想，包括忧患意识、变革精神和中庸原则，都已深入人心。

于是我们很想知道，如此智慧是从哪里来的。

这，将是本书最后一个问题。

关于三才之道，见《易传·系辞下》
六爻对应的月份请参看高亨《周易大传今注》

最后的问题

关于《周易》的来历，古人其实想过。

儒家的说法是：

伏羲发明了八卦。

周文王把它们变成了六十四卦。

然后孔子写了《易传》。

《易传·系辞下》说：

古者包牺氏之王天下也，仰则观象于天，俯则观法于地，观鸟兽之文与地之宜，近取诸身，远取诸物，于是始作八卦，以通神明之德，以类万物之情。

南朝刘勰《文心雕龙·原道》也说：

人文之元，肇自太极，幽赞神明，《易》象惟先。庖牺画其始，仲尼翼其终；而乾坤两位，独制《文言》。言之文也，天地之心哉！

包牺就是庖牺，也就是伏羲。

翼就是《易传》，又叫“十翼”。

《文言》是其中对乾坤两卦的特别说明。

太极倒未必就是宇宙的原始状态。那时，天地未开混沌未分，怎么可能产生人类文化？理解为太古，也许更为合适。发明文字之前先有符号，也讲得通。

总之，在遥远得无法回忆的时代，我们民族的先人仰望蓝天，俯瞰大地，放眼四周，观察自己，终于发明出阴爻、阳爻和八卦，作为认识世界的理性工具。

这是何等了不起的事情。

只不过，不必认定那就是伏羲的功劳。

事实上，伏羲并不是某个人。准确地说，那多半是某个族群的名字，甚至时代的象征。这个时代就是父系氏族社会，正如母系氏族社会的代表是女娲。

伏羲画八卦，只能说明这些符号产生得很早。

近取诸身，远取诸物，则是合理的。毕竟，人类对世界的认识只能从最直观的现象开始。十进制就可能跟人类有十根手指有关，成双成对的事情则更多。单单是男女雄雌，就足以让我们产生出阴阳的概念。

但，阴阳是高明的。

其他的表述方式比如正负，就不能概括一切。

将阴阳概念上升为哲学，并且用来归纳总结世界的变化规律，则是《周易》的智慧。毫无疑问，这种智慧不可能是某一个人的，只能是许多人长时间思考和探索的结晶。这个过程应该已经无从稽考，这份遗产却弥足珍贵。至于如何继承，则恐怕要靠诸位自己了。

关于伏羲，请参看《易中天中华史》第一卷《祖先》

曾从事美术电影及连环画、绘本创作，多次获国内外奖项

现为中国国家画院研究员，作品被中国国家博物馆、中国美术馆收藏

易中天

1947 年出生于长沙

曾在新疆工作，先后任教于武汉大学、厦门大学

现居江南某镇，潜心写作

胡永凯

1945 年生于北京

曾从事美术电影及连环画、绘本创作，多次获国内外奖项

现为中国国家画院研究员，作品被中国国家博物馆、中国美术馆收藏

周易故事

作者 _ 易中天　　绘者 _ 胡永凯

编辑 _ 王光裕　　装帧设计 _ 于欣

技术编辑 _ 白咏明　　执行印制 _ 刘淼　　策划人 _ 王誉

营销团队 _ 魏洋 张艺千 成芸姣

鸣谢

贺彦军

果麦

www.goldmye.com

以 微 小 的 力 量 推 动 文 明

图书在版编目(CIP)数据

周易故事 / 易中天著 ; 胡永凯绘 . -- 杭州 : 浙江文艺出版社，2025. 6（2025.11 重印）. -- ISBN 978-7-5339-7987-4

Ⅰ. B221-49

中国国家版本馆 CIP 数据核字第 20255Y2H12 号

周易故事

易中天 著　胡永凯 绘

责任编辑　余文军
装帧设计　于　欣

出版发行　浙江文艺出版社
地　　址　杭州市环城北路 177 号　　邮编 310003
经　　销　浙江省新华书店集团有限公司
　　　　　果麦文化传媒股份有限公司
印　　刷　河北鹏润印刷有限公司
开　　本　875 毫米 ×1240 毫米　1/32
字　　数　65 千字
印　　张　4
印　　数　35,001-50,000
版　　次　2025 年 6 月第 1 版
印　　次　2025 年 11 月第 4 次印刷
书　　号　ISBN　978-7-5339-7987-4
定　　价　39.00 元